AF358425

Vente Beauquesne

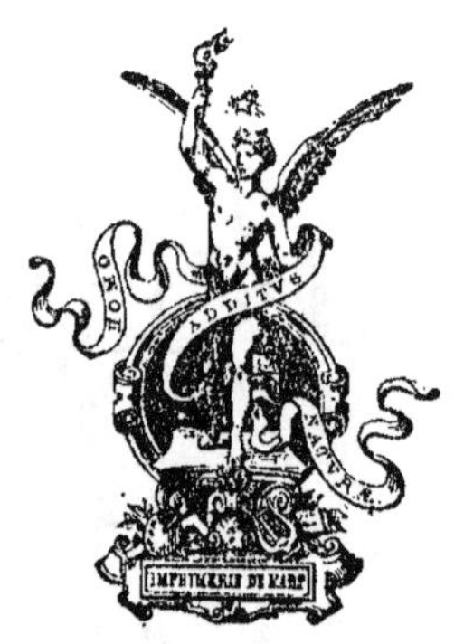

CATALOGUE

DE

TABLEAUX

PAR

BEAUQUESNE

DONT LA VENTE AURA LIEU

HOTEL DROUOT, SALLE N° 8

Le Mercredi 12 Novembre 1884

A DEUX HEURES PRÉCISES

———

Par le Ministère de **M° LÉON TUAL**, commissaire-priseur,

39, rue de la Victoire, 39

Assisté de **M. BERNHEIM jeune**, expert,

8, rue Laffitte, 8

———

EXPOSITION : Le Mardi 11 Novembre 1884

DE 1 HEURE A 5 HEURES 1/2

Ce Catalogue se distribue à Paris :

Chez **Me LÉON TUAL**, commissaire - priseur,

39, rue de la Victoire, 39

Chez **M. BERNHEIM jeune**, expert,

8, rue Laffitte, 8

CONDITIONS DE LA VENTE

Elle sera faite au comptant.

Les adjudicataires payeront *cinq pour cent* en sus des enchères.

Paris. — IMP. DE L'ART, E. MÉNARD et J. AUGRY
41, rue de la Victoire.

DÉSIGNATION

1 — *Après Reichshoffen.*

> Toile. Haut., 54 cent.; larg., 81 cent.

2 — *Le Train de 5 heures 10.*

> Bois. Haut., 55 cent.; larg., 45 cent.

3 — *Une Capture.*

Souvenir de la campagne de 1870-71.

> Toile. Haut., 65 cent.; larg., 81 cent.

4 — *L'Attaque du train.*

> Toile. Haut., 65 cent.; larg., 81 cent.

5 — *En remonte,*

> Toile. Haut., 65 cent.; larg., 81 cent.

6 — *L'Embuscade.*

> Toile. Haut., 65 cent.; larg., 81 cent.

7 — *La Coulée.*

> Toile. Haut., 65 cent.; larg., 81 cent.

8 — *La Fin du séjour.*

> Toile. Haut., 65 cent.; larg., 81 cent.

9 — *Les Trois Noyers.*

> Toile. Haut., 65 cent.; larg., 81 cent.

10 — *Théorie dans la chambrée.*

> Toile. Haut., 65 cent.; larg., 81 cent.

11 — *Un Poste avancé.*

> Toile. Haut., 52 cent.; larg., 63 cent.

12 — *Convoi de vivres attaqué par les Arabes. (Tunisie.)*

Les chasseurs chargent l'ennemi et le convoi peut continuer sa route.

Salon de 1882.

> Toile. Haut., 89 cent.; larg., 1 mètre 15 cent.

13 — *Le Cuisinier du colonel.*

> Toile. Haut., 46 cent.; larg., 37 cent.

14 — *Le Retour de la patrouille.*

> Toile. Haut., 38 cent.; larg., 55 cent.

15 — *Avant le combat.*

> Toile. Haut., 55 cent.; larg., 38 cent.

16 — *La Corvée d'eau.*

> Bois. Haut., 46 cent.; larg., 35 cent.

17 — *La Diane.*

> Souvenir des grandes manœuvres.
>
> Toile. Haut., 65 cent.; larg., 81 cent.

18 — *Une Sommation.*

> Souvenir de la campagne de Tunisie.
>
> Toile. Haut., 65 cent.; larg., 81 cent.

19 — *Le Planton.*

> Bois. Haut., 41 cent.; larg., 33 cent.

20 — *En passant.*

> Bois. Haut., 40 cent.; larg., 33 cent.

21 — *Dans la tranchée.*

> Bois. Haut., 41 cent.; larg., 33 cent.

22 — *Retour en France.*

> Souvenir de la campagne de Tunisie.
>
> Bois. Haut., 41 cent.; larg., 33 cent.

23 — *Le Lieutenant blessé.*

> Bataille de Wœrth.
>
> Bois. Haut., 41 cent.; larg., 32 cent.

24 — *La Fontaine.*

> Souvenir d'Algérie.
>
> Bois. Haut., 41 cent.; larg., 27 cent.

25 — *Chargez !*

>Bois. Haut., 32 cent.; larg., 41 cent.

26 — *Deux Amis.*

>Bois. Haut., 33 cent.; larg., 41 cent.

27 — *Devant le corps de garde.*

>Bois. Haut., 41 cent.; larg., 30 cent.

28 — *En avant !*

>Bois. Haut., 33 cent.; larg., 41 cent.

29 — *Soldats rapportant du bois.*

>Bois. Haut., 41 cent.; larg., 33 cent.

30 — *Le Sergent Hoff.*

Bois. Haut., 41 cent.; larg., 27 cent.

31 — *Malheur ! ! !*

Souvenir du siège de Paris.

Bois. Haut., 41 cent.; larg., 29 cent.

32 — *Un Dimanche.*

Bois. Haut., 41 cent.; larg., 26 cent.

33 — *Le Convoi.*

Bois. Haut , 29 cent.; larg., 39 cent.

34 — *Le Samedi.*

Bois. Haut., 35 cent.; larg., 27 cent.

35 — *Le Mobile*.

Bois. Haut., 35 cent.; larg., 27 cent.

36 — *Trompette de hussards*.

Bois. Haut., 35 cent.; larg., 27 cent.

37 — *De garde*.

Bois. Haut., 35 cent.; larg., 26 cent.

38 — *La Chasse aux Prussiens*.

Toile. Haut., 1 mètre 17 cent.; larg., 90 cent.

39 — *Trompette de dragons*.

Bois. Haut., 33 cent.; larg., 24 cent.

40 — *Chien de temps !*

> Bois. Haut., 32 cent.; larg., 24 cent.

41 — *Le Puits.*

> Toile. Haut., 46 cent.; larg., 64 cent.

42 — *En observation.*

> Bois. Haut., 32 cent.; larg., 24 cent.

43 — *L'Incendie.*

> Bois. Haut., 31 cent.; larg., 25 cent.

44 — *Un peu de vin, Coco ?*

> Toile. Haut., 46 cent.; larg., 55 cent.

45 — *Clairon de zouaves.*

> Bois. Haut., 31 cent.; larg., 25 cent.

46 — *Zouave.*

> Bois. Haut., 32 cent.; larg., 20 cent.

47 — *En route pour le Tonkin.*

> Toile. Haut., 60 cent.; larg., 73 cent.

48 — *Là-bas ! ! !*

> Bois. Haut., 32 cent.; larg., 21 cent.

49 — *Le Billet de logement.*

> Toile. Haut., 46 cent.; larg., 61 cent.

50 — *Quatre Heures de faction.*

Toile. Haut., 83 cent.; larg., 52 cent.

51 — *Le Récit.*

Souvenir de la campagne de 1870-71.

Toile. Haut., 61 cent.; larg., 46 cent.

52 — *Une Compagnie d'avant-garde.*

Toile. Haut., 35 cent.; larg., 46 cent.

53 — *L'Avant-Garde.*

Toile. Haut., 50 cent.; larg., 67 cent.

54 — *L'Ennemi au camp.*

Toile. Haut., 67 cent.; larg., 49 cent.

55 — *Aux Ambulances.*

Salon de 1884.

Toile. Haut., 65 cent.; larg., 81 cent.

56 — *Le Départ du 22ᵉ.*

Toile. Haut., 65 cent.; larg., 81 cent.

57 — *L'Appel des blessés.*

Bois. Haut., 29 cent.; larg., 21 cent.

58 — *En sentinelle avancée.*

Bois. Haut., 32 cent.; larg., 24 cent.

59 — *Dimanche matin.*

Bois. Haut., 35 cent.; larg., 27 cent.

60 — *Les voilà !*

> Toile. Haut., 36 cent.; larg., 28 cent.

61 — *Disparu.*

> Bois. Haut., 26 cent.; larg., 35 cent.

62 — *Un Dégel dans une tranchée.*

> Bois. Haut., 35 cent.; larg., 27 cent.

63 — *Zouaves.*

> Bois. Haut., 27 cent.; larg , 16 cent.

64 — *Clairon de chasseurs à pied.*

> Bois. Haut., 27 cent.; larg., 22 cent.

65 — *La Corvée.*

Bois. Haut., 33 cent.; larg., 22 cent.

66 — *La Querelle.*

Toile. Haut., 65 cent.; larg., 81 cent.

67 — *Défense de Cherizy.*

Toile. Haut., 81 cent.; larg., 60 cent.

68 — *La Défense du drapeau.*

Charge de cuirassiers.

Toile. Haut., 50 cent.; larg., 65 cent.

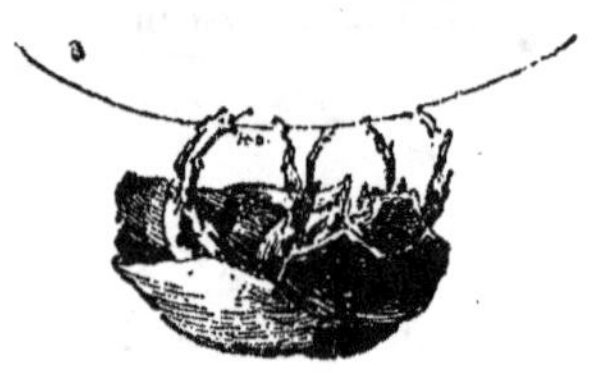